ADDITION NÉCESSAIRE

Au Recueil intitulé : Pièces intéressantes et peu connues,
pour servir a l'Histoire;
A Bruxelles, 1781.

On lit dans ce Recueil, pages 220, 221,
222, l'Anecdote suivante, qui a besoin
des Eclaircissemens que nous allons y
joindre.

ANECDOTE.

» La terre de Courson appartenoit à
» un gentilhomme nommé de Fargues. »

ÉCLAIRCISSEMENS.

Gentilhomme si l'on veut, il peut y avoir
des gentilshommes de ce nom; mais on va

23070.

prouver que l'Auteur de l'Anecdote, quel qu'il foit, n'a fu quel étoit ce de Fargues, & n'a connu ni la nature de fon affaire, ni la caufe, ni le genre, ni l'époque de fon fupplice.

Balthazar de Fargues fut condamné par Arrêt du 27 mars 1665, non pas à être *décapité*, comme le dit l'Auteur de l'Anecdote, mais à être pendu ; non pas pour *un meurtre*, comme le dit le même Auteur, mais *pour malverfations par lui commifes au fait de la fourniture du pain de munition par lui faite pendant plufieurs années, à la garnifon de Hefdin, & autres troupes qui ont paffé audit lieu.*

Il fe qualifie *major de Hefdin* dans dix quittances & décharges de la fourniture du pain de munition, donnée pendant treize ans, à compter de 1645, jufques & compris 1657.

Dans un acte de 1648, il eft dit *employé dans l'Etat major, comme Major dans le régiment de Belle-Brune.*

On voit d'ailleurs qu'il étoit l'affocié des entrepreneurs des vivres ; l'acte par lequel il s'affocie avec les fieurs Pollard, Cazette & Jacques, au Traité général des munitions de l'année 1654, acte écrit de fa main, eft rapporté dans fon procès.

Il fut jugé, non pas par le Parlement, comme les titres *de premier Préfident & de Procureur général* employés dans l'Anecdote, fans aucune explication, pouvoient le faire croire, mais par une Commiffion fiégeante à Abbeville, compofée de la Sénéchauffée & fiège Préfidial de cette ville, & préfidée par M. de Machault, intendant d'Amiens.

Le Procureur général pareillement établi par commiffion, étoit le fieur Guignerel, Avocat du Roi au même Préfidial.

Le procès criminel de de Fargues étoit auparavant pendant *pardevant deux Officiers du même Préfidial*, favoir le Lieutenant général & un Confeiller, comme *Subdélégués de la Chambre de Juftice*, établie en 1661. Le Roi, par un Arrêt du Confeil du 18 février 1665, avoit évoqué cette affaire, & l'avoit renvoyée devant l'Intendant de la Province, & devant le Préfidial entier d'Abbeville. Ainfi c'étoit une affaire totalement étrangère au Parlement, & fur laquelle le titre de premier Préfident ne donnoit aucune influence.

L'arrêt condamne Balthazar de Fargues à être pendu, *enquêtes faites*, eft-il dit, *par Le Vignier, Juge & Lieutenant Criminel de Narbonne*,

de l'extraction dudit de Fargues ; ce qui n'annonce
pas un gentilhomme.

» Après les troubles de la Fronde, où
» il avoit joué un rôle, l'amniſtie pu-
» bliée, il s'étoit retiré dans ſa terre,
» où il vivoit tranquille, aimé & eſtimé
» de tous ſes voiſins. »

Dans quelle Hiſtoire, dans quels Mémoires
du temps voit-on le ſieur de Fargues *jouer un.*
rôle contre la Cour au milieu des troubles de la
Fronde? L'Auteur parle de ce Major du régiment de Belle-Brune, pendu pour avoir volé
le pain des troupes, comme d'un homme im-
portant. Il eſt évident qu'il n'a point ſu du tout
qui étoit cet homme. Il y a preuve au procès
que de Fargues n'a ceſſé d'être au ſervice du Roi
& avant la Fronde, & pendant la Fronde, &
après la Fronde ; qu'il n'a point été condamné
pour avoir ſervi contre le Roi, ce qu'il n'a point
fait, mais pour avoir malverſé & prévariqué
dans ſon ſervice.

» Le comte de Guiche, le marquis,
» depuis duc du Ludes, Vardes & Lau-
» zun, s'étant égarés la nuit à un retour

» de chasse, & cherchant un asyle, la
» lumière qu'ils apperçurent les guida
» vers le lieu d'où elle partoit, qui étoit
» Courson, où ils demandèrent retraite
» jusqu'au jour. De Fargues les reçut
» avec joie, leur fit servir à manger, &
» les combla de politesses. De retour à
» la cour, ils contèrent au Roi leur
» aventure, & se louèrent beaucoup de
» de Fargues.

Comme le récit de l'Auteur est sans aucune date, il est impossible de dire si cette aventure de chasse s'accorde avec des époques connues, par exemple, avec le séjour que le comte de Guiche fut obligé de faire en Lorraine en 1662, avec le voyage de Pologne qui suivit ce séjour en Lorraine ; avec la rupture qui, au retour du comte de Guiche, ne tarda pas à éclater entre lui & le marquis de Vardes ; avec le nouveau voyage que le comte de Guiche fut forcé de faire en Hollande en 1664; enfin, avec tous les événemens du temps. En général, il y a lieu de soupçonner ici de l'anachronisme, quoiqu'on ne puisse le vérifier, parce qu'il manque pour

cela deux bafes effentielles, l'époque de la pré-
tendue partie de chaffe , & celle où le fieur de
Fargues fut mis fous la main de la Juftice.

» A ce nom qui réveilla dans le cœur
» du Roi le reffentiment de la Fronde :
» Comment, dit-il, ce coupable-là eft
» dans le royaume , & fi près de moi !

Ce reffentiment ne peut avoir eu lieu, puif-
que de Fargues n'avoit point été Frondeur, du
moins dans fa conduite.

Quant à fes malverfations dans l'adminiftra-
tion des vivres, il eft peu vraifemblable qu'elles
fuffent parvenues à Louis XIV. avant le procès, & il eft affez vraifemblable qu'il ignoroit
jufqu'au nom de De Fargues.

» Il manda le premier Préfident de
» Lamoignon , & lui ordonna de faire
» rechercher toute la vie de de Fargues.

Voilà un ordre que Louis XIV. n'a certainement point donné , voilà une commiffion dont
le premier Préfident de Lamoignon ne fe feroit
certainement point chargé. Quel intérêt eût pu
animer ainfi un grand Roi contre un particulier
obfcur ? D'ailleurs , foyons juftes envers les

Rois comme envers les autres hommes : quand a-t-on vu Louis XIV violer ainſi par paſſion une amniſtie ſolemnelle ? Oſons dire qu'il en étoit incapable.

Quant à M. de Lamoignon , quoique le moment où on tente ſi gratuitement & ſi vainement de le diffamer , ſoit peut-être le moment de le louer , contentons-nous de dire que toute ſa vie dément cette calomnieuſe Anecdote , dans laquelle il n'eſt pas poſſible de reconnoître le magiſtrat ſenſible & courageux, qui oſa défendre contre toutes les préventions de Louis XIV, contre toute l'animoſité de Colbert, l'infortuné Fouquet , ſon ennemi perſonnel, qu'il jugeoit coupable, mais qu'il voyoit perſécuté. Sur cette réputation de vertu qu'a laiſſée M. le premier Préſident de Lamoignon , & que ſes deſcendans regardent comme leur plus précieux héritage, nous pouvons renvoyer à tous les Mémoires du temps.

On pourroit, comme nous l'avons déja dit , & comme nous aurons encore occaſion de l'obſerver, induire du récit de l'Auteur de l'Anecdote , que M. de Lamoignon fut le Juge de de Fargues , & qu'il en eut la confiſcation , pour prix de ſa condeſcendance aux deſirs du Roi. Nous n'aurons pas de peine à perſuader, qu'un renverſement ſi ſcandaleux & ſi indécent de toutes les lois protectrices de l'innocence, n'étoit ni dans les mœurs de Louis XIV, ni dans celles de M. de Lamoignon ; mais, pour nous renfermer dans ce qui eſt expreſſément allégué, l'ordre donné par Louis XIV, le motif de cet ordre, les recherches faites en conſé-quence par M. de Lamoignon, le réſultat de ces recherches, toute l'Anecdote, en un mot, eſt démentie par des titres formels.

» Malheureuſement, il ſe trouva cou-
» pable d'un meurtre : (les crimes n'a-
» voient pas dû être fort rares dans des
» temps de troubles.)

Encore un coup, il ne s'agiſſoit dans ſon affaire, ni de meurtre, ni de ces crimes que les temps de trouble font naître ; mais de malver-ſation dans la fourniture du pain des troupes.

» Et le Procureur-général eut ordre
» de pourſuivre l'accuſé.

Nul autre Procureur-géneral n'eut ordre de pourſuivre l'accuſé, que le ſieur Guignerel, Avocat du Roi au Préſidial d'Abbeville, nommé Procureur-général de la Commiſſion, & dont à ce titre le devoir étoit de pourfuivre de Fargues ; mais, en parlant ainfi fans explication de l'ordre donné au Procureur-général, après avoir parlé de l'ordre donné au premier Préfident, on donne lieu de croire que de Fargues fut jugé par le Parlement ; & comme gentilhomme, par la Grand'Chambre affemblée, par conféquent par le premier Préfident, qui eut la confifcation.

» Qui fut arrêté, condamné & déca-
» pité.

Il fut pendu.

» Malgré l'amniftie, qui fembloit
» avoir dû effacer tout ce qui étoit ar-
» rivé.

Il n'y avoit point d'amniftie pour fon crime.

» Quoi qu'il en foit, fes biens furent
» confifqués ; & le Roi donna la terre
» de Courfon au premier Préfident.

Voilà l'unique fondement de toute cette hiftoire. Les biens de Balthazar de Fargues ayant été confifqués par Arrêt du 27 mars 1665, les divers Seigneurs dont relevoit la terre de Courfon, formèrent des prétentions,

A v

& réclamèrent des droits fur cette terre ; ils foutenoient que la confifcation devoit leur acquérir *les biens, terres & fiefs fitués dans l'étendue de leurs Juftices.* Ces Seigneurs étoient le premier Préfident de Lamoignon, comme ayant la Châtellenie de Mont-Lhéry ; Henri de Bullion, Comte de Fontenai ; Charles de Fitte, Seigneur de Soucy ; & Pierre Péquot, Seigneur de Saint-Maurice.

Mais l'Arrêt qui avoit condamné de Fargues portoit que, *fur fes biens confifqués, il feroit fait diftraction particulière, au profit du Roi, des fommes auxquelles fe trouveroit monter ce qui avoit été induement pris & volé par de Fargues dans la fourniture du pain des troupes.*

Or, cette reftitution qui, par fa nature, paffoit avant tous les autres droits, abforboit tous les biens de De Fargues & tous les droits des contendans, même ceux du premier Préfident, qui étoient les plus apparens.

Le Roi depuis long-temps vouloit récompenfer les fervices de M. de Lamoignon, & corriger fa fortune, qui fouffroit de fon défintéreffement, & du fardeau d'une famille nombreufe (1). Il faifit cette occafion, & le fubro-

---

(1) Il y avoit pour lors dix ans qu'il étoit premier Préfident.

gea en tous fes droits par fes Lettres du 30 juillet 1667 , qui furent *regiſtrées , tant au Parlement qu'à la Chambre des Comptes , Bureau des Finances & Chambre du Tréſor. Les autres contendans jugeant alors qu'il n'y avoit plus matière à conteſtation* , firent, le 27 janvier 1668, avec le premier Préſident , une Tranſaction, par laquelle ils reconnurent la ſupériorité de fes droits, qui étoient ceux du Roi , & ſe défiſtèrent de leurs prétentions ; & M. de Lamoignon , de ſon côté , promit de ſervir & de *rendre les devoirs & reconnoiſſances ordinaires* pour les portions de la terre de Courſon qui relevoient de ces autres Seigneurs. M. de Lamoignon n'avoit nulle raiſon de s'oppoſer à cette libéralité du Roi qui ne coûtoit rien au peuple , & qui ne faiſoit que rendre au Seigneur de Mont-Lhéry des droits réels , mais abſorbés par des droits ſupérieurs (2).

---

(2) De cet arrangement, il réſultoit un avantage pour les héritiers de De Fargues , puiſque les reſtitutions auxquelles il avoit été condamné, avoient été liquidées, par des Arrêts du Conſeil des 28 mai & 14 juin 1666 , à une ſomme de cinq cents mille livres qui ſe trouvoit toute employée ſur la ſeule terre de Courſon, achetée

Voilà sur quoi toute l'Anecdote est bâtie. De Fargues avoit été pendu, & sa terre avoit passé à M. de Lamoignon. M. de Lamoignon étoit chef du Parlement ; de Fargues étoit son voisin & son vassal : donc ce Magistrat avoit été le Juge ou le dénonciateur de De Fargues pour avoir sa confiscation. De Fargues étant ainsi rendu intéressant, & le premier Président odieux, on n'eut plus qu'à orner le roman ; il fallut que de Fargues fût un gentilhomme vivant tranquillement dans sa terre , aimé, estimé de ses voisins, un citoyen paisible, autrefois Frondeur, rendu maintenant au devoir & à la vertu, pas entièrement innocent (car l'imputation d'avoir fait périr un innocent eût été trop grave & trop peu vraisemblable), mais coupable seulement d'un crime confondu dans la foule des crimes du temps, excusé par les circonstances, couvert par une amnistie, & que le premier Président fit revivre pour obtenir la confiscation de De Fargues.

Nous le demandons : est-il une réputation,

---

en 1655 par ledit de Fargues, pour 7800 liv. de rentes ; ensorte que le surplus des biens dudit de Fargues se trouvoit libre de confiscation & de restitution.

eſt-il une vérité hiſtorique à l'épreuve d'une telle licence de conjecturer & d'imaginer ?

Finiſſons par quelques réflexions générales ſur les conſéquences de cette licence. On ne peut ſans doute ouvrir trop de portes à la vérité, ni trop lui faciliter les moyens de paroître dans tout ſon éclat, & de diſſiper tous les preſtiges. Malheur à ceux qu'elle bleſſe ! Le temps ni les intérêts particuliers ne preſcrivent point contre elle ; elle eſt éternelle, & l'intérêt public eſt qu'elle ſoit connue.

Mais, par la même raiſon, la calomnie ne peut être trop réprimée. Les Lois la puniſſent quelquefois quand elle attaque les vivans ; mais on ſe la permet trop aiſément contre les morts, ſoit par malignité, ſoit par légéreté, ſoit ſur-tout par l'amour du paradoxe. Cependant, ſi on enlève aux hommes la douce aſſurance que la conſidération dont ils jouiſſent s'étendra juſqu'à leur mémoire, & les ſuivra dans la poſtérité, on ôte à la vertu un puiſſant aiguillon. D'ailleurs, ſi une diffamation poſthume ne peut toucher une cendre inſenſible, peut-elle être indifférente à ceux que les liens du ſang & de l'amitié attachent à la mémoire des morts que l'on attaque ? N'eſt-

ce pas pour eux un devoir comme un intérêt
de la défendre ? La gloire des pères est le
patrimoine des enfans. Encore un coup, l'intérêt de la vérité, mais de la vérité seule,
devroit l'emporter même sur ces considéra-
tions, & il seroit juste qu'une réputation
usurpée fût détruite. Mais comment vient-
on, après plus d'un siècle, sans preuves,
sans autorités, sans citations, sans dates,
sans aucune connoissance des personnages ni
des faits, confondre, par un récit apocryphe,
toutes les idées, dénaturer les caractères, &
flétrir des réputations consacrées ? MM. de
Lamoignon sont assez heureux pour pouvoir
détruire, par des titres formels, la fable qui
concerne le premier Président : mais il pouvoit arriver que ces titres, qui vont être
imprimés à la suite de cet écrit, comme
Pièces justificatives, échappassent à leurs
recherches, & restassent enfevelis dans la
poussière d'un greffe, ou dans des archives
ignorées ; alors on n'auroit eu, pour repousser
la calomnie, que des inductions tirées du
caractère de M. de Lamoignon, & qu'une
dénégation générale fondée sur le défaut absolu
de preuves, ce qui suffit dans tous les Tribu-

naux de Justice, mais ce qui ne suffit pas toujours au tribunal de l'opinion.

N. B. Il nous reste à prévenir le public sur un point. Les Anecdotes contenues dans le Recueil intitulé *Pièces intéressantes*, *&c.* sont, dit-on, tirées pour la plupart de Mémoires manuscrits très-célèbres, & que beaucoup de personnes connoissent. Quoiqu'ils n'aient point encore été publiés, ils le feront sans doute un jour, & l'anecdote du sieur de Fargues y reparoîtra vraisemblament : mais en quelque temps & dans quelque ouvrage qu'elle reparoisse, elle ne reparoîtra du moins que complétement réfutée d'avance par les Pièces qu'on va voir, & qui sont déposées à la Bibliothèque du Roi.

JUGEMENT

DE

BALTHAZAR DE FARGUES.

Du 27 mars 1665.

*E*NTRE *le Procureur du Roi, commis par Arrêt rendu au Conseil d'Etat, Sa Majesté y étant, le 18 février 1665, Demandeur & Accusateur, d'une part; & Balthazar de Fargues, prisonnier ès prisons de l'Hôtel-de-Ville d'Abbeville, Défendeur & accusé, d'autre.*

Vu par Nous Louis de Machault, Conseiller du Roi en ses Conseils, Maître des Requêtes ordinaire de son Hôtel, départi par Sa Majesté de la Généralité d'Amiens, pays d'Artois reconquis & places frontières de Picardie, ledit Arrêt du Conseil d'Etat dudit jour 18 février 1665, & Commission sur icelui du même jour, à Nous adressant, signée LOUIS,

& plus bas, PHELYPEAUX, scellée du grand sceau de cire jaune, par lesquels Sa Majesté auroit évoqué à soi & à sondit Conseil, le procès criminel pendant contre ledit de Fargues & ses complices, pardevant les sieurs Papin, Lieutenant général, & d'Avrest, Conseiller en la Sénéchaussée & Siége Présidial d'Abbeville, Subdélégués de la Chambre de Justice, & icelui avec ses circonstances & dépendances renvoyé pardevant Nous, instruit & jugé souverainement & en dernier ressort avec les Officiers dudit Présidial; notre Ordonnance du ... dudit mois de février, par laquelle, en conséquence du pouvoir à Nous donné par ledit Arrét, Nous aurions commis & subdélégué lesdits sieur Papin & Davrest, pour continuer ladite instruction sur les poursuites & réquisitions du sieur Guignerel, Avocat du Roi au même Siège, & commis par Sa Majesté par ledit Arrét pour faire les fonctions de son Procureur en ladite commission;

les charges & informations faites par lesdits sieurs Papin & d'Avrest en ladite qualité de Subdélégués de la Chambre de Justice, en vertu de l'Arrêt d'icelle du 15 octobre dernier, des 13, 14 & 15 janvier ; le décret de prise de corps décerné sur icelles, contre ledit de Fargues & Mathurin son valet, & d'ajournement personnel contre Marie Roussel veuve, & Marie Pinte, femme du sieur de la Rivière, du 17 dudit mois ; Arrêt de ladite Chambre, portant que ledit de Fargues sera transféré des prisons du For-l'Evêque ès prisons du Château de Ponthieu, pour son procès lui être fait & parfait par lesdits Subdélégués jusques à Sentence définitive inclusivement, sauf appel ; l'interrogatoire dudit de Fargues, fait par lesdits sieurs Papin & d'Avrest, Subdélégués, portant les causes de récusation contre eux proposées, du 4 février ; Sentence sur icelles, du 5 dudit mois ; autre interrogatoire dudit accusé, dudit jour 5 ; interro-

gatoire de ladite Marie Rouſſel, du même jour 5 février; ampliation d'informations faites par leſdits ſieurs Subdélégués, des 4, 6, 7, 8, 9, 11, 16, 19, 22, 24 & dernier dudit mois de février; autre ampliation & continuation d'informations faites par leſdits ſieurs Papin & d'Avreſt, nos Subdélégués, du 3 de ce préſent mois de mars; autres informations faites ès villes de Calais, Dunkerque & Gravelines par le ſieur Feramus, Lieutenant général audit Calais, en qualité de Commiſſaire Subdélégué par ladite Chambre de Juſtice, des 14, 20, 21, 23 & 24 dudit mois de février, jointes audit procès par ordonnance du 4 dudit mois de mars; interrogatoires dudit accuſé, faits par noſdits Subdélégués, des 2, 3, 4 & 6 jours ſuivans; continuation dudit interrogatoire par Nous fait audit de Fargues, accuſé, le 8 dudit mois; notre Ordonnance pour récoller & confronter les témoins, du 9 du même mois; interrogatoire de ladite Pinte,

*détenue au lit malade, du lendemain 10;
récollemens & confrontations de témoins
audit accusé, des 12, 13, 14, 15, 16,
18, 19 & 20 dudit mois; autres informations faites à Hesdin, en vertu d'Ordonnance dudit jour 14 mars, touchant
les exactions commises par ledit accusé,
au bas desquelles est l'Ordonnance portant que ledit accusé sera interrogé sur les
faits résultans desdites informations; interrogatoire du lendemain 15; Ordonnance
dudit jour, portant que les témoins ouïs
èsdites informations seront récollés en leurs
dépositions & confrontés audit accusé; récollemens & confrontations des 15 & 16
dud. mois; onze extraits des comptes ren-
dus à la Chambre, de la fourniture du pain
de munition pour différens quartiers des
années 1645, 1646, 1647, 1649, 1650
1653, 1654 & 1656, représentés aud. accusé, dont il n'auroit voulu convenir lors
de son interrogatoire dud. jour 8 mars; trai-
tés faits au Conseil du Roi aux particuliers*

y dénommés, pour la fourniture du pain de munition des armées & Provinces pour les années 1646, 1647, 1648, 1649, 1653, 1655 & 1656, en date des 2 septembre 1645, 26 septembre 1646, 9 décembre 1647, 5 décembre 1648, 12 mars 1655 & 8 mars 1656, portant la qualité du grain & du bled qui devoit être employé pour la fourniture dudit pain, & à quels Officiers ledit pain devoit être délivré ; association dudit accusé au traité général des munitions de l'année 1654, avec les sieurs Pollard, Cazette & Jacques, écrit de sa main, du 21 juin de ladite année, au bas duquel est sa quittance en forme de compte fait avec ledit sieur Pollard du dernier novembre 1657, reconnue par ledit accusé ; acquit de sept mille rations pour le Régiment de la Tour Roquelaure, par lui baillées au sieur Jacques, par lequel il promet de lui faire bailler la décharge du Commandant dudit Régiment, ledit acquit du 13 octobre 1652,

repréfenté avec ledit traité & affociation
& reconnus ledit jour 8 mars; dix quit-;
tances & décharges de la fourniture du
pain de munition, baillées par ledit de
Fargues, comme Major de Hefdin, des
19 juin 1646, dernier janvier 1645, dernier mars 1648, dernier décembre 1649,
30 octobre 1650, dernier décembre 1654,
dernier juin 1655 & 30 juin 1657, tirés
de ladite Chambre des Comptes, & à lui
repréfentés fuivant le procès-verbal du 20
mars, portant la dénégation de fon feing;
Ordonnance du 21 dudit mois, portant
que lefdites décharges feront vérifiées pardevant deux Notaires & deux Ecrivains
nommés d'office; procès-verbal de vérifi-
cation du même jour; dix autres quittances
& décharges de ladite fourniture, baillées
par ledit accufé & par lui fouffignées, des
19 mars & 11 ...... 1646, dernier
avril & dernier octobre 1647, dernier décembre 1649, 15 novembre & dernier
décembre 1650, dernier novembre 1655,

dernier mars & décembre 1657, à lui re-
présentées le 24 & vérifiées pour être souf-
crites de sa main par les mêmes experts, par
acte du 25 mars ; copie d'un compte rendu
à la Chambre, de la solde de la garnison
de Hesdin pour l'année 1648, par lequel
ledit de Fargues est employé dans l'Etat-
Major, comme Major dans le Régiment
de Bellebrune ; compte du revenant-bon
audit sieur de Bellebrune entre le sieur Le-
vasseur & ladite Pinte, de 1665 ; en-
quête faite par Le Vignier, Juge & Lieutenant criminel de Narbonne, de l'extraction, vie & mœurs dudit de Fargues ;
Conclusions définitives du Procureur du
Roi, auquel le tout a été communiqué ; &
après que ledit de Fargues, prisonnier &
accusé, a été mené & conduit en la Chambre
du Conseil de la Sénéchaussée & Siège
Présidial d'Abbeville, & qu'il a été ouï
& interrogé sur la sellette : Nous, par Jugement souverain & en dernier ressort, de
l'avis des sieurs Officiers de ladite Séné-

chauffée & Siège Préfidial d'Abbeville ;
affemblés en ladite Chambre du Confeil au
nombre de feize , avons déclaré & décla-
rons ledit de Fargues duement atteint &
convaincu des crimes de péculat , larcins ,
fauffetés , abus & malverfations par lui
commifes au fait de la fourniture du pain
de munition par lui faite pendant plufieurs
années à la garnifon de Hefdin & autres
troupes qui ont paffé audit lieu ; pour répa-
ration defquels , nous l'avons condamné &
condamnons à être pendu & étranglé à
une potence qui fera , pour cet effet ,
dreffée en la place du marché de cette ville ;
avons déclaré tous & chacun fes biens
acquis & confifqués au Roi , fur lefquels
fera néanmoins fait diftraction particulière au profit de Sa Majefté , des fommes
auxquelles fe trouvera monter ce qui a
été induement pris & volé par ledit de
Fargues dans ladite fourniture , fuivant
la liquidation qui en fera faite par le Com-
miffaire à ce député , & en outre de la
fomme

somme de trois mille livres, applicable en œuvres pies, & de celle de deux mille liv. aux réparations du Palais dudit Siège, comme aussi des frais du procès. Fait & arrêté en ladite Chambre du Conseil, le vingt-septième mars mil six cent soixante-cinq. Collationné & signé CHENUDEAU, avec paraphe. Et au bas, Greffier des commissions de mondit sieur DEMACHAULT.

Collationné à l'original en parchemin, par les Notaires au Châtelet de Paris, soussignés, ce fait rendu, le cinquième jour de novembre mil six cent soixante-dix-neuf. Signé, SYMONNET & GALLOIS, Notaires, avec paraphe.

Collationné par les Conseillers du Roi, Notaires au Châtelet de Paris, soussignés, cejourd'hui douze mars mil sept cent quatre-vingt-un, sur pareille copie, représentée & rendue.

HAMEL, ARNAUD.

B

TRANSACTION.

FURENT préfens en leurs perfonnes, haut & puiffant Seigneur, Meffire Guillaume de Lamoignon, Chevalier, Seigneur de Baville, Baron de Saint-Yon, Boiffy & autres lieux, Confeiller ordinaire du Roi en tous fes Confeils, premier Préfident en fa Cour de Parlement, demeurant en fon Hôtel en la Cour du Palais, Paroiffe de la Sainte-Chapelle baffe ; d'une part.

Meffire Henri de Bullion, Comte de Fontenay, Confeiller du Roi en fes Confeils & en fadite Cour de Parlement, demeurant rue Haute-Feuille, Paroiffe S. Benoît ;

Meffire Charles de Fitte, Chevalier, Seigneur de Soucy & autres lieux, demeurant au château dudit Soucy, étant de préfent à Paris, logé rue Saint-Julien le Pauvre, en la maifon du Chariot d'Or ;

Et Meſſire Pierre Pecquot, Seigneur de Saint-Maurice, Conſeiller du Roi en ſes Conſeils, Secrétaire de Sa Majeſté, Maiſon-Couronne de France & de ſes Finances, Garde des rôles des Offices de France, demeurant à Paris, rue des Blancs-Manteaux, Paroiſſe Saint-Jean en Grève; d'autre part.

Leſquelles Parties deſirant prévenir le différend prêt à mouvoir entre elles, pour raiſon des droits reſpectivement prétendus ès biens de Balthazar de Fargues, condamné & exécuté à mort, en conſéquence de la confiſcation ordonnée par le Jugement du Préſidial d'Abbeville, du 27 mars 1665, chacun deſdits ſieurs de Fontenay, de Soucy & de Saint-Maurice, ſoutenant que la confiſcation devoit leur acquérir les biens, terres & fiefs qui ſont dans l'étendue de leurs Juſtices; ſavoir, de la part dudit ſieur de Fontenay, du fief de Sainte-Catherine, avec droit de haute, moyenne & baſſe-juſtice, & neuf livres de rente, dont

ladite terre & Comté de Fontenay font
chargés pour foulte d'échange fait autrefois
entre les auteurs & Seigneurs defdites
terres ; de la part dudit fieur de Soucy, la
quantité de dix - fept arpens ou environ en
plufieurs pièces , tant terres labourables,
que bois & brouffailles, vingt-fix livres
dix fols & deux chapons de rente, dus
par Pierre Gaffelin à la Rouffière; vingt
livres , faifant moitié de quarante livres
de rente , dues par Claude Gaffelin au
même lieu; trois liv. douze fols de rente,
dus pas François Guinechart , & neuf
livres, auffi de rente , dues par les héritiers
Craillet , trois livres dues par la veuve
Jacques Brafey ; & à l'égard dudit fieur
de Saint-Maurice , une pièce de fept quartiers de prés, fituée dans la prairie de Saint-
Maurice, proche le moulin de Folleville ;
une autre pièce d'un quartier & demi de
pré en la prairie de Vaurevoul , & la quantité de vingt-huit arpens de terres labourables en plufieurs pièces, & dépendans de

la ferme de Moutlon : defquelles terres,
prés & rentes, lefdits fieurs de Fontenay,
de Soucy & de Saint-Maurice avoient pris
poffeffion, comme en ayant droit par ladite
confifcation ; foutenant par ledit Seigneur
premier Préfident, au contraire, que lefdits Seigneurs ne pouvoient rien prétendre
en ladite confifcation, que le Roi, dont
il avoit le droit, ne fût payé auparavant
de la fomme de trois cent cinquante mille
livres, à laquelle fe trouvent monter les
reftitutions dont ledit de Fargues eft tenu,
fuivant ledit Jugement du Préfidial d'Abbeville, & Arrêt du Confeil du 27 mars
1665, 28 mai & 14 juin 1666, & de
la fomme de cent cinquante mille livres de
taxe ordonnée par la Chambre de Juftice,
lefquelles fommes abforboient pareillement
tous les biens, dont la confifcation étoit
acquife au Seigneur premier Préfident, à
caufe de fa Juftice de Baville & de la Châtellenie de Mont-Lhéry dont il jouit, fi le
Roi n'avoit eu la bonté de le fubroger en

ſes droits par ſes Lettres-patentes du mois de juillet 1667, vérifiées, tant au Parlement, qu'en la Chambre des Comptes, Bureau de France, Chambre du Tréſor, & qu'ainſi il n'y avoit pas matière de conteſtation entre les Parties; & d'ailleurs que ledit ſieur de Fontenay ne pouvoit prétendre aucune confiſcation ſur ledit fief de Sainte-Catherine, qui a droit de haute, moyenne & baſſe juſtice, & dont ledit ſieur de Fontenay n'a que la mouvance, laquelle n'emporte aucune confiſcation : & pour ſe régler par leſdites Parties ſur les conteſtations, elles ſe ſeroient volontairement ſoumiſes au jugement de noble homme Barthelemy Auzanet de Montholon, & Claude Robert, ancien Avocat au Parlement, par l'avis deſquels, pour éviter tout débat, elles ont tranſigé de la manière qui en ſuit ; c'eſt à ſavoir, que leſdits ſieurs de Fontenay, de Soucy & de Saint-Maurice ſe ſont déſiſtés, & par ces préſentes ſe déſiſtent de tous les droits qu'ils ont , peuvent avoir à prétendre aux choses ci-deſſus mentionnées, à cauſe dudit droit de confiſcation, conſentent & accordent que la propriété en ſoit & demeure audit Seigneur de Lamoignon , premier Préſident, comme ſubrogé aux droits du Roi, & en faſſe & diſpoſe comme il aviſera bon être, à la charge néanmoins des droits de mouvance & teneur cenſuelle & de Juſtice , que chacun deſdits ſieurs de Fontenay, de Soucy & de Saint-Maurice a ſur les biens, leſquels droits leur demeurent entiers ; & promettant le Seigneur de Lamoignon de leur en rendre les devoirs & reconnoiſſances ordinaires. Car ainſi eſt accordé entre les Parties, promettant , obligeant chacun en droit ſoi, renonçant. Fait & paſſé à Paris, ès maiſon des Parties, & pour les ſieurs Avocats, en la Salle du Palais, le vingt-troiſième jour de janvier, avant midi, l'an mil ſix cent ſoixante-huit ; & ont les Parties & leſdits ſieurs Avocats, ſigné la préſente minute.

Signé DE LAMOIGNON, DE FITTE, DE BULLION, PECQUOT, AUZANET, DE MONTHOLON, ROBERT ; *avec* DESPRIÉE & GALLOIS, *Notaires, avec paraphe.*

Scellé lesd. jour & an. R̲. *ix sols.*

» *L'an mil sept cent quatre-vingt-un,*
» *le six mars, collation des présentes a*
» *été faite par les Notaires à Paris,*
» *soussignés, sur leur minute, étant en la*
» *possession de M^e. Jourdain, l'un desdits*
» *Notaires, comme successeur aux office*
» *& pratique de M^e. Toupet, qui l'étoit*
» *de M^e. Caillet, successeur dudit M^e.*
» *Gallois.* »

Rayé huit mots comme nuls.

BIVREN, JOURDAIN.

www.ingramcontent.com/pod-product-compliance
Ingram Content Group UK Ltd.
Pitfield, Milton Keynes, MK11 3LW, UK
UKHW031726170726
13836UKWH00001B/474

9 782329 581996